CRI
DE BETHLÉEM

POUR

UNE INDEMNITÉ GÉNÉRALE;

ET CONTRE LE PRIVILÉGE, LE SACRILÉGE, LE DUEL, LES PARADOXES ENCYCLOPÉDIQUES, LE PHILOSOPHISME;

AVEC

TROIS ÉPITRES EN VERS;

Par M. J. X. DESTRAVAULT.

Insons quem reprobaverunt,
fons à deo, recti.

A PARIS,

Chez L'Auteur, rue Gérard-Beauquet, N° 3;
Chez Mme Touchard, libraire, rue de l'Éperon, N° 3, et

PARTOUT OU SE DÉBITENT LES VÉRITÉS UTILES.

—

1825.

CRI
DE BETHLÉEM

POUR

UNE INDEMNITÉ GÉNÉRALE,

NULLE VICTIME SANS INDEMNITÉ ; PLUS D'IMPÔTS INDIRECTS ; BÉNI LE RÈGNE BIEN AIMÉ !

Gloire à Dieu, à l'église apostholique et romaine seule voie vers Dieu ;

Plus de gloire à M. de Villèle qu'à M. Canning ; gloire aux chambres, même à la chambre septennale et consécration de ses titres électifs ; la plus grande gloire qui ait jamais illustré roi et royaume, à Charles X et à la France ;

Dans l'adoption de l'inspiration ici publiée au nom du ciel :

Monde,

Narraverunt mihi carnes et superbiæ, fabulationes, sed non ut lex tua !

Carnes, qui demandez à la terre seule, la fin de ses abus !

Superbiæ qui voulez la loi juste, au fond, contre le sacrilége ; loi superflue si vous employiez à faire aimer Dieu les efforts que vous avez épuisés pour ne le montrer que redoutable et qui voulez en

1

même temps l'indemnité privilégiée, grosse de mur-
mures et d'imprécations!

Deux vérités se comparent et se confirment :

La divinité de l'évangile et le matérialisme de
l'indemnité privilégiée!

Pénétrez-vous respectivement de la vérité de ces
deux propositions!

Une seule observation accable ceux qui nient la
seconde.

Qui a amené la révolution? Les classes émigrées
et privilégiées.

Qui veut repousser les verges de la révolution,
universellement méritées par tous les abus, par toutes
les impiétés?

Les seules classes qui voulaient retenir les colonnes
de Samson, s'écroulant par les secousses du *noble*,
dans son origine et si contagieux philosophisme.

Acceptez, bénissez tous la leçon; mais adoucissez-
en pour tous, l'amertume!

Emigrés, la classe à laquelle seule vous imposez
votre *réjouissante* indemnité, sans lui en faire part,
la sollicitait pour tous, pour vous-mêmes, avant et
après la restauration!

Cette pensée généreuse est enfoncée dans les bi-
bliothèques de la cour, de la ville et des ministères.

Qu'un peu moins d'indifférence pour les soupirs
de la modestie, eût pu épargner de cris!

Elle eût épargné à trois gouvernemens consécutifs,

le prix incommensurable de la restauration ; toutes les hontes qui excèdent les gloires de l'empire ; un régicide ; que de fratricides, de parricides ! l'humiliation enfin si gratuite d'une nation toujours plus grande que ses auspices !

Que de maux passés ! Quel relief leur souvenir ajouterait à un remède présent !

Ecoutez : le milliard annuel auquel semblent se réduire nos contributions, suffit pour indemniser non pas la seule héroïque émigration, mais elle et toutes les victimes, les victimes de la révolution. Bien plus, il suffit, pour acquitter notre dette nationale, anéantir vos jeux, votre loterie, votre honteux *dispensaire*, tous les impôts sur nos consommations ; que dis-je ? l'impôt même foncier ; tous remplacés par un seul, qui nous coûterait annuellement, au plus, 170 fr. par 100,000 fr. de fortune, soit foncière, soit mobilière, soit industrielle. L'enregistrement, les douanes, la marque d'or et d'argent, réduits aux frais de leur manutention ; le scandale des quêtes à l'église supprimé, ainsi que le prix des prières, les barrières cupides qui éloignent les pauvres du sanctuaire et de la parole de Dieu ; l'état, le clergé, l'indigent alimentés ; tout cela, sans faire verser une seule larme à aucune classe, ni aux préposés d'aucune institution ; enfin une magistrature qui affaiblirait, préviendrait, autant que Dieu le permet, tous les vices, toutes les peines morales de la vie.

Démonstration.

1,000,000,000 fr. est le produit de 20,000,000,000 fr. de capital.

Les produits de
{
3,000,000,000 fr. suffisent à l'indem-nité générale.

4,000,000,000 fr. à l'extinction de la dette.

3,000,000,000 fr. au clergé, aux pau-vres, à la magistrature des mœurs.

10,000,000,000 fr. aux besoins an-nuels de l'état;
}

Dégrevé de sa dette, de ses parasites, des frais du clergé, des pauvres et d'une fourmilière de pré-posés, tous indemnisés, eux et leur famille, au-delà de leur attente.

Appréciez la faculté de payer soit en capital, soit en intérêts!

Qui démentira que de 30,000,000 de Français, 1,000,000 paient, l'un portant l'autre, en contri-butions directes et indirectes, au moins 1,000 f. par an?

Nous les payons; le fait confondrait le démenti. 1,000 fr. payés par 1,000,000 d'hommes, à chacun, égaux à 1,000,000,000 francs, produit exact de 20,000,000,000 fr. de capital.

Toutes les victimes recevant l'indemnité, que d'im-posés paient en moins prenant!

Cette opération est dans les forces de l'état.

Bien plus : cent banquiers peuvent s'immortaliser,

briguant cette tâche, et recevant l'impôt de tous les Français, qui le leur verseraient transportés d'allégresse, comblant Dieu, son Fils aîné, Charles X, les chambres, les ministres, la septennalité même, les banquiers, de mille et mille bénédictions.

J'aurais élevé mon hypothèse à 1,200,000,000 fr. de rentes, 24,000,000,000 de capital, dont personne ne se plaindrait.

Qui peut plus, peut moins. Le moins se prend dans ce qui existe, tout y est démontré. Le plus ne ferait qu'accroître l'enthousiasme général et n'élèverait pas au-delà de 200 fr. la contribution de chaque 100,000 fr.

Impatient de faire jouir ma chère patrie, d'une expectative si consolante, je m'empresse de l'annoncer.

Aussitôt que j'aurai mille souscripteurs, je publierai la démonstration du procédé infaillible qui réduit toutes les contributions à une seule de 170 à 200 fr. annuels par 1,00,000 f. de capital, sur le pied de 1,000,000,000 à 1,200,000,000 fr. d'impôt général annuel.

Dieu veuille inspirer le roi et les chambres d'exaucer mon invocation!

Dans tous les cas, remercions Dieu, qui a pour les victimes résignées une indemnité plus durable que celle qui arrache des pleurs.

Que dis-je ? que le tiers de celle que je propose reste d'abord assurée à tous ceux qui profitent de celle du ministère.

Autant d'appuis pour adopter les deux tiers restant au profit de toutes les autres victimes.

O trône ! ô ministère ! ô nation française ! voilà votre source intarrissable d'abondance, de gloire, d'attraits pour nous attacher les nations, leurs princes et commencer sur la terre le royaume céleste.

Indemnité, Sacrilége, avant la discussion, et Duel; sur ce que je viens d'en lire chez le Constitutionnel.

L'esprit brille, à bon marché, dans un journal. Les journaux, comme les beaux cercles, se perdent en discussions superficielles. On y épilogue tout, on n'y rectifie rien; à peine on y avise quelques demi-mesures, quelques faibles expédiens. En conversation, les suffrages, souvent surpris, tribut payé à la vanité, rarement scèlent le triomphe de la raison. La polémique des journaux enrichit quelques écrivains, alimente la curiosité, stimule la malignité, fait gémir le juste, si elle s'égare, lui fait partager ses angoisses, si elle se plaint avec lui; elle dissipe le temps de ses interlocuteurs, qui n'en peuvent plus consacrer à approfondir leurs pensées pour les rendre fécondes.

Combien de fois n'ai-je pas renouvellé cette réflexion? Une magistrature, a-t-on dit si souvent, garantie des vertus chez les rois et les peuples, digues aux vagues envahissantes de tant de perversité.

L'indemnité, le duel m'oppressent dans le même sens.

Moins de phrases, citoyens! eh! des mesures inspirées, des mesures irrésistibles par leur supériorité; comme ces oraisons mémorables qui ont décidé du sort des empires! des mesures magnanimes, miroirs, parallèles qui asphyxient les basilics pigmées.

Où les puiser?

Dans la justice éternelle : *In luce quæ illuminat omnem hominem venientem in hunc mundum*, non dans votre philosophisme, murmure des sens.

L'étendard de la croix, voilà l'éclair, la foudre, devant lesquels tout machiavélisme, toute iniquité, tout privilége s'évanouissent.

Mais vous voulez servir deux maîtres : vos sens et votre raison, sans juger! vos adversaires, aussi. Duellistes, politiques, empiriques, tous ennemis du droit civil et des gens, ou rejettent toutes voies sacrées ou les corrompent sous des masques à leur dévotion.

De là votre disette de choses au milieu de votre luxe de phrases.

De là vos sarcasmes contre une magistrature de mœurs, horizon aussi doux pour le trône que pour la cabane, source d'indemnité sans exceptions politiques et de spécifiques contre le spadassinage!

Mais de qui provenaient ces premières réalités? d'un nom qui n'est connu que par les calomnies, qui le poursuivent; d'un idiot qui ne veut que Jésus-Christ et la justice humaine; d'un téméraire qui, en faible prose, en vers désavoués du Parnasse, n'aime, n'estime que les monarques, les sujets soumis aux lois divines et humaines, qui ne conçoit pas qu'il existe un de leurs mandataires assez barbare pour mettre l'or, les passions à la place de ces lois.

En vain il publiait son abnégation à toute prétention de gloire littéraire et l'invitation aux vrais écrivains, d'orner, d'accréditer ces inspirations, bases de toute justice. La raison et Jésus-Christ seraient deux antipodes! Jésus-Christ seul ; feignent de vouloir les uns, pour abuser de leur autorité, comme si les lois n'étaient pas le préservatif provoqué par la faiblesse humaine! La raison seule, prétendent les autres, comme si la raison ne prescrivait pas elle-même tous les sacrifices, toutes les lois qu'a confirmées et sanctionnées Jésus-Christ!

Eh bien! citoyens de tous les rangs, de toutes les prétentions; nulle stabilité dans vos spéculations et leurs objets, sans l'alliance de l'autorité divine et de l'autorité humaine. C'est l'opposition de ces deux puissances, à laquelle vous aspirez, qui soulève vos élémens les uns contre les autres et vous fait soupirer si inutilement vers l'ordre et l'harmonie.

Politiques, égoïstes, privilégiés, sensuels, philosophistes, qui sollicitez une indemnité exclusive, un ordre différent de celui que la justice évangélique peut approuver, autres que ceux que Jésus-Christ tracerait à notre position et qui composez, avec le spadassinage, seule dénomination convenable au duel, vos vœux sont chimériques; vous tendez vers une fluctuation éternelle, dans laquelle l'injustice fait succomber chaque parti tour-à-tour; le vaincu s'assoupit, se réveille, déplace le vainqueur, et ainsi à perpétuité.

Les vrais chrétiens, au contraire, circonscrivent leurs droits par ceux d'autrui, méritent ainsi la réciprocité; l'équilibre les fixe, les maintient dans les balances de la justice éternelle.

Ainsi, ma *magistrature de mœurs*, que j'intitule *diadéme de nos lois*, puisque c'est leur pouvoir qui donne tant d'éclat à celui du prince, cette magistrature puisée dans l'expérience de nos bons et de nos mauvais penchans; des mesures qui élèvent, font fructifier les bons, préviennent tous les abus des méchans, sur tous les points de l'horison. Elle met l'évangile en parfaite harmonie avec nos goûts, nos mœurs; elle unit réellement la terre au ciel, et sans outrer nos efforts. Quelle gloire pour le règne qui en fera présent à la France!

Elle naturalise l'indemnité, autrement que la loi agraire ou un privilége. Mon plan de finances lui destinait 6,000,000,000 fr., et prévient toute concurrence, toute jalousie. Les émigrés ne peuvent m'en vouloir. Je l'ai conçu avant leur rappel; alors je m'opposais à l'animadversion qui les repoussait; aujourd'hui, il m'est permis de réprouver l'exclusion des fidèles à la patrie, que je repoussais alors en faveur de ceux qui l'avaient abandonnée. C'est que je voyais dans chaque système, bien moins de malveillance que d'erreurs. Et cette erreur était le venin étranger vomi sur toute la France. Que sont encore aujourd'hui toutes les nuances? Au fond, l'égarement qui a été chercher des armes contre la France, dépeuplée de sagesse, si vous voulez, doit en être couronné, comme les témoins d'un incendie qui le fuient, au lieu de s'arrêter à l'éteindre, et en rendent, par leur fuite l'extinction impossible. Qui osera nier l'ascendant irrésistible du rang, de l'opulence et des lumières? Tous à votre poste, vous étiez seuls le danger irrésistible, par toutes vos forces, vos moyens séduction. Le roi est votre prétexte? Eh pour nous: 20,000,000 d'âmes, notre patrie, notre chaumière, nos amis, nos femmes, nos enfans, notre croix de mission, qui nous défendait d'aller compromettre notre foi, vers un culte inorthodoxe! Tous, MM., tous dignes de la colère de Dieu, nous avons subi l'épreuve et l'aveuglement qui nous l'a déguisée. Nulle indemnité à aucun ou indemnité à tous.

Duel. L'honneur, dites-vous, philosophistes magistrats! l'honneur? il est tout dans la croix, non dans l'amour-propre, qu'elle immole ici pour l'exalter bientôt. L'amour-propre, l'égoïsme, qui s'immole à l'harmonie universelle, à l'intérêt général, voilà l'honneur. Eh quoi! celui qui égorge par amour-propre ou celui qui ôte la vie par cupidité, n'immolent-ils pas tous deux, à leurs passions, la vie d'autrui, la leur même, qui ne leur appartient pas davantage? L'amour-propre bourreau est-il plus excusable que la cupidité assassine? Pour être plus à la mode en est-il moins illégal? Qui détermine le crime? le degré de préjudice à la société; ce degré est marqué par les lois divines et les lois sociales. Magistrats, dont l'indulgence a méconnu le meurtre criminel dans le duel, quel paradoxe a détourné votre boussole? est-ce l'évangile? eh eussiez-vous égard à la faiblesse humaine, qui peut rougir de refuser un cartel à son agresseur, sans le fuir, ni lui refuser de résistance en cas d'agression soudaine? N'osera-t-on pas suspecter de bravoure illégitime les magistrats qui la disculpent? Le crucifix préside les fleurs de lys; n'y serait-il pas dans le désert, au milieu de la foule?

Ma magistrature est aussi sensible que vous, à cette fausse délicatesse; mais elle lui enlève tout prétexte; elle donne un relief de plus au courage louable. Elle déconcerte, elle enfouit le métier bourreau de spadassin. Elle concilie au parfait, l'honneur avec le citoyen, avec le chrétien. Elle ne confie pas comme la juste apologie du grand magistrat, du grand écrivain, M. le conseiller Carnot, cher à tous les rangs; elle ne confie pas au temps, auteur, complice de tant de désordres, le soin d'amortir le duel, au lieu de l'étouffer à l'instant; remettre au lendemain, à tuer un serpent qui vous menace à l'heure même! Ma magistrature tranche le duel, en dessèche la sève dans les racines.

Mais, vous avez un arsenal, vous n'en connaissez pas le pouvoir!

Le Roi dit, dans un rescrit paternel, multiplié

autant qu'il y a de Français, au-dessous de l'âge mûr:
» mes enfans, ce n'est pas mon autorité c'est mon
» amour qui vous parle.

» Ceux qui m'aimeront, qui aimeront leur gloire,
» celle de la France, qui partageront mon amour pour
» Dieu, pour notre Sauveur, se rendront aux instances
» de la foi, ne provoqueront ni n'accepteront de duel;
» ne blasphêmeront plus le nom de Dieu; éviteront
» l'ivresse, les excès, ne désoleront plus leurs famil-
» les, ni leurs atteliers, en consommant en un jour, le
» produit de leur semaine, en vautrant leur santé, leurs
» talents et leur temps, dans une boisson honteuse.
» Les chefs rendront compte au maire ou au supérieur
» militaire, de la fidélité de chacun de leurs subor-
» donnés à m'obéir. Je me ferais analiser les contrôles
» chaque année et mes enfants connaîtront par mes
» bienfaits, le prix de leur déférence. »

J'affirme la révolution, la plus morale, la plus
heureuse, dans l'état, à cette seule mesure royale.

— Les journaux catholiques trop chers pour ma
bourse, anéantissent sans doute ces déclamations échap-
pées aux érudits si étrangers à la religion, de la divinité de laquelle je me convainc de plus en plus, dans
leurs sophimes. Les lumières du siècle peuvent elles
à ce point compromettre leur supériorité! pardon
messieurs, mais pour sonder la rivière, fiez vous au
pêcheurs; trop poli pour vous dire *Ne sutor et*, ce
principe de discrétion, ne semble méconnu que par
votre philosophisme. Et son débordement en tout ce
qui tient du temporel, le savoir garde son autorité

en religion, ni muletier, ni prince, qui n'ait sa théologie. Delà cette tour de Babel, en fait de culte ; pas un gros Jean qui ne remontre son curé. Les cloaques les plus licencieux, les cerveaux les plus brûlés, sont des aréopages pour définir un Dieu et ses droits. Aussi aux yeux de notre génération prématurée ; quelles ganaches que l'expérience et les années.....Fanaux ténébreux !

Aveugles, éclairez, éclairez vous, non des prestiges qui colorent les passions, mais de la pure lumière de Dieu, dont vous ne voulez que les abstractions, nullement l'influence universelle suprême.

Filioli! oui ce Dieu suprême, son verbe, cet agneau de Dieu, qu'il a exposé à votre libre arbitre ; son incarnation dès le premier homme, objet si grand, si touchant de votre pénétration, est sa seule face qu'il vous a rendue accessible. C'est la morale, c'est l'esprit de justice ; morale suprême, justice suprême, et son émanation chez l'homme, souveraine, régle immuable de notre volonté, dont elle devient la force, la grâce, à proportion de l'aveu de notre faiblesse et de nos instances à la solliciter, la grâce. Lorsque vous foulez aux pieds cette morale, cette justice, que vous l'immolez à vos passions, ne cesse t-elle pas d'exister pour vous ? cette volonté de l'anéantir, ne lui ôte-t-elle pas l'existence, non seulement en vous, mais d'après vos vœux, dans l'univers entier, aux yeux de qui vos vertus sont appelées à la réflechir ? voilà le crucifiement, voilà la mort d'un Dieu. Et c'est vous qui le blasphêmez, limitant ses vertus et sa puissance, niant sa révélation, imputant l'imposture, à J.-C., le faux témoignage, aux prophètes, aux apôtres, aux martyrs, aux saints pères, à toute l'église! si pour nous, Dieu est éminemment, justice, morale, vertus suprêmes, le crime qui les détruit dans une âme, y est donc déicide, spécialement le crime qui porte l'audacieuse impiété jusque dans le sanctuaire, dans le tabernacle, où ce crime sait que Dieu est l'objet des hommages, de l'amour, de l'adoration des fidèles. Le vœu de ce crime n'est-il pas de détruire ce Dieu, frein le plus redoutable aux vices, aux passions? Eh, philosophistes, pénétrez cette matière, avec le génie de *Beccaria*: n'est-ce que l'action criminelle que la société a en vue, dans ses châtimens? c'est l'intention, par-dessus tout. Or, quelle intention plus frénétique, plus révoltée contre les droits de la société, que celle du sacrilége? vous ne croyez pas qu'elle se borne au vol? elle sait que la société voit Dieu dans les objets consacrés, elle est non-seulement cupidité, mais atteinte réfléchie aux droits que la société chérit le plus, à sa foi, aux droits, à l'existence de Dieu même. Voilà le déicide dans l'intention, caractère essentiel du crime; le voilà dans la réalité, relativement à la société qu'il veut voir renier, anéantir son Dieu. Et si la société ne punit ce crime que comme tout autre vol, elle refusera aux saints mystères, aux choses de Dieu, au corps, au sang, à la divinité de J.-C., sous les matérielles apparences, elle leur refusera la foi, la vénération dont la législation aura dispensé les voleurs! ils n'assassinent, dites-vous que pour voler! dans l'assassinat, ne punissez donc que le vol! mais vous savez trop qu'il n'y a nulle proportion possible entre le crime et son châtiment; que la base de l'expiation est puisée, non dans l'acte, pas même dans l'intention du crime, mais surtout et spécialement dans l'importance de l'exemple. Or: quel crime scandalise autant la société, due toute à Dieu, quel crime scandalise plus que le sacrilège, qui en porte l'audace, sur les choses, sur l'image, sur la présence sacramentelle, réelle de Dieu, à nos autels?

Messieurs, ce n'est pas pour les voleurs, que votre cœur palpite; c'est contre Dieu, c'est contre notre foi, c'est contre notre sainte Eucharistie, que le philosophisme fulmine. Qu'il triomphe! la religion, la foi sont de moins en moins révérées; le Dieu de la raison lui succède; à ses pieds l'arbre de la licence est planté.

Quelle autorité prendra sur elle *la Paix, la Miséricorde*, en faveur de la main assez osée pour profaner ces idoles?

— Mais les dissidens tolérés! —

Dieu ne les tolère pas; la lumière est sous leurs yeux; ils sont bien coupables de les détourner. D'ailleurs, qui commet sur un sol étranger un crime, vertu, sous la bannière du coupable, n'encourt-il pas les lois du sol qu'il brave? droit des gens irrécusable.

— Mais les accessoires? — trop juste d'y proportionner la peine.

— Mais les abus innombrables! — vous en imposez à

votre conscience. Nul abus n'a été commis, même par un chrétien, bien moins par un prêtre. Tous les abus reprochés, en triomphe, aux princes, aux ministres, aux prêtres, sont l'ouvrage d'autant de philosophistes sous le manteau royal, ministériel, sacerdotal. — L'église, un roi, un ministère éclairés, chrétiens de bonne foi, suffisent contre les abus? — Maladroits, que ne criiez vous plus fort contre le sacrilège? on l'eut épargné si vous eussiez suspecté la passion seule de le foudroyer. Les voleurs eussent été moins tentés, surtout de vous déplaire, puisque vous les protégez; ils eussent été d'autant plus rares, qu'ils eussent vu plus d'indignations armées contr'eux, et l'église aurait cherché elle-même à borner la sévérité publique.

Eh! je sais encor un secret pour la désarmer: tous ouvrez les yeux! que la cupidité des produits, ni la gloire de séduire, ne jouent plus le rôle d'opposition. Que J.-C. désormais dicte, accrédite vos journaux, vos paroles, vos actions; l'église, le roi, les chambres, vous laisseront le soin de comprimer, de prévenir le sacrilége, au point de n'en avoir jamais à punir. La foi romaine ne vous impose pas plus de difficultés, que la belle nature, pour remplir vos devoirs d'honnêtes gens. Venez nous tous reconcilier au tribunal de la pénitence, à la table sainte! qu'y risquez vous, si vous n'êtes que vertus sans vices? Plus d'abus ne doivent vous arrêter; nul spécifique contr'eux, plus péremptoire, d'un effet plus absolu.

Faites cesser et rougir les dissidences de culte! Sion est la vérité. Qu'une seul porte y conduise. Qu'une seule enseigne nous y rassemble; n'y craignons pas les abus de l'homme; elle les rejette, nous y serons tous heureux, parce que nous serons tous saints.

Mais votre langage joue lui-même avec le sacrilége, avec le blasphême. Vous dénoncez aux alarmes, à la défiance, des mystères déjà si méritoires à la foi de trop rares élus! quelle digue ne doit pas opposer la justice divine et humaine, à un torrent d'impiété aussi dévastateur!

Sans doute notre Dieu est un Dieu de paix et de miséricorde, mais pour les hommes de bonne volonté, non pour confondre, aux dépens de sa justice, le vice et la vertu. Devant Dieu, la vertu est tout, puisqu'elle est le sceau du bonheur de tous. La vie humaine n'est que notre épreuve; Dieu ne s'y complaît que lorsqu'elle n'aspire qu'à la vie éternelle, avec tout le bien général, aux dépens de toutes les satisfactions exclusives, individuelles.

Enfin prévenons, afin d'avoir moins à punir! Marguilliers, vous avez la police civile; soyez garants des vols sacriléges! que le coupable épouvante les paroissiens qu'il a dépouillés et scandalisés; les travaux les plus honteux, la nourriture la plus indispensable, une chaîne hérissée de croix le signale aux âmes suspectes et que la commune réponde de sa sûreté.

Je pense que vous n'allez pas m'appeler Caligula; moi je ne vous appellerais ni Abel ni Pollux.

Vous ne me traiterez pas de girouette non plus. Trop faible, sans doute; mais, j'ai toujours été à Dieu et j'ai toujours aimé nos frères, les fidèles, c'est notre église. Voyez si depuis 1788 j'ai tenu un langage différent: J'ai dit ce que je croyais vrai, aux grands; autant je m'enthousiasme de leurs vertus, autant je gémis sur leurs erreurs. Ainsi ne m'accusez point de me tourner du côté du plus fort. Labare, dans la tombe, depuis ma quatrième année, huit ans après les Jésuites, ne vous aurait pas doublement fait frémir si j'eusse été son lieutenant criminel.

Ma magistrature de sûreté m'a familiarisé avec la justice, non avec la cruauté; je n'ai pas donné l'exemple à ceux qui m'ont immolé à la leur; je ne courtise que la vérité; hélas c'est la plus faible.

N'importe, je veux la proférer même à l'égard de ce chapeau si vilipendé! M M., jésuite signifie : qui marche avec Jésus. Encore une fois marchez avec Jésus, selon vous, le plus grand législateur. Vous ne craindrez pas en le suivant de vous égarer, et vous ne craindrez plus les jésuites. Lumière, liberté sans Jésus, sont des météores légers. Avec Jésus seul, elles s'élèvent, s'étendent, s'éternisent. Pour leçon, donnez l'exemple! Eh, les gouvernemens qui savent comme vous tous, ce que ce nom a de proverbial, vous appellent, vous attendent, là où il n'y aura plus que de la gloire et du bonheur pour eux, comme pour nous; gloire et bonheur, garants de la vraie piété actuelle et ultérieure des jésuites.

Nouvelle encyclopédie. La loi oblige les journaux à insérer la réfutation de toutes accusations. L'encyclopédie nouvelle, accuse d'imposture, la révélation et les mystères; eh quoiqu'elle ne les nomme pas précisément, c'est bien eux qu'elle attaque, puisqu'elle étaye ses blasphêmes, de ce que la lecture de plusieurs textes de l'écriture sainte serait prohibée. La sainte doctrine ne renferme d'après votre analise, que des allégories, qui toutes s'expliquent par la nature. Profonds argumens !

Je n'ai lu que votre apologie constitutionnelle; votre édition n'est pas à la portée de ma bourse. De là, direz, vous, son peu de danger. Bon-si elle ne devait pas corrompre les mœurs de ses opulens lecteurs, et si les licences, les exemples encyclopédiques de l'opulence philosophiste ne se répandaient pas comme les miasmes le plus délétères et ne se formaient pas des échos de la charue, de l'industrie et de la mendicité. Ce sont d'éminens personnages qui les premiers ont outragé l'être suprême dans leurs proférations énergumènes. Entendez aujourd'hui le charretier, le petit savoyard, tous les atteliers, les casernes, les cabarets, bicêtre, maints châteaux et les champs même; au lieu de louanges de Dieu, ce n'est qu'un blasphême universel; doux fruits de l'encyclopédie, des contes soi-disant philosophiques, de la henriade et du livre de l'esprit.

Quoi! plus de révélation, plus de mystères divins, à cause de leur analogie avec la nature, à cause qu'ils vous développent les procédés de la nature! Enfants gâtés de la nature, mendiant, votre impunité, du matérialisme! qu'il y a long-temps que si je n'avais pas été victime de tous les philosophismes, et s'ils ne s'étaient pas introduits jusque sur la chaise currule, j'aurais prévenu vos conclusions désespérantes! Ingrats, la science qui vous est nécessaire, celle que vous ne trouvez pas dans votre encyclopédie et que vous dédaignez de dérober à la plus faible enfance, *c'est la croix de par Dieu !* Voilà la science des sciences, la clef de toutes les sciences, le mot, le sens de toutes les énigmes, de toutes les allégories, la science du devoir, du bonheur, de la révélation et de tous ses mystères. Ingrats, parce que Dieu est descendu jusqu'à vous dans ses expensions allégoriques, expliquées à votre portée, dans l'idiôme de la nature, confirmées à vos yeux par la nature, vous n'admettez que cette nature et non son divin auteur ! parce que des deux termes de ses allégories : lui, l'être et la nature, sa marche, il a déduit vos devoirs, qui ne sont que votre propre intérêt, vous n'admettez plus que l'effet aveugle, impuissant, muet; et vous en rejettez la source, la cause, la puissance, parce qu'elle exige de vous le travail, moyen de mérite, titre de la récompense et veut la liberté de votre choix, entre le tems, ses abus, ses séductions, puis le règne de la vertu, porte de l'heureuse éternité !

Vous n'avez pas entendu la voix de cette nature, sa voix évangélique; vous n'avez prêté l'oreille qu'à sa voix licencieuse! Dieu est venu vous l'expliquer en personne. Il a pris des formes naturelles, pour vous interpréter sans repliques, la voix, les lois, qu'il a imprimées à la nature; eh plutôt que de l'étudier, de vous pénétrer de sa volonté si clairement développée, vous la contestez, vous la répudiez; parce que pour vous désaveugler, il a employé le seul idiôme que vous pouviez entendre : L'idiôme, les allégories que vous exprime la nature ! eh, où vouliez-vous que sa tendresse paternelle puisât ses expressions ? dans les élémens d'une nature, d'une sphère, étrangères aux vôtres ? ingrats sophistes, si je puis lire votre encyclopédie et pénétrer le cœur de chacun de vous, je démontrerai vos intentions, tout à la fois funestes au ciel et la terre ; je ferai toucher aux doigts, d'une part, la vérité ; de l'autre, tous les intérêts du scepticsisme ou d'un démenti monstrueux, dénaturé.

––––––––

La citation du discours du Roi à l'école politechnique, a sans doute omis la part de Dieu !

Rassurez-vous : Dieu, à une école, essentiellement chrétienne, n'a pas plus besoin de recommandation, que la conservation et l'existence.

La voix du Roi est temporelle ; sa voix spirituelle, ses actes pieux, si éloquens parlaient plus haut que des discours, à cette jeunesse destinée à n'éclairer sa carrière temporelle, que pour obtenir plus de titres à la couronne éternelle.

Que quelque nain philosophiste, né de parens hottentots, se glisse malheureusement dans cette école, il ne pourra rappetisser à sa taille, cette mine de flambeaux, surtout chrétiens.

Eh, des généraux qui la dirigent, savent ce que vaut la croix, la croix évangélique, seule voie de leur gloire, seul sceau de leur mérite.

Cette école, source de sciences, de pureté et d'héroïsme, spécialement chrétienne, trouvera la philosophie dans l'évangile, dans la piété évangélique du Roi, non dans les matérielles sublimités des encyclopédies anciennes et nouvelles.

ÉPITRE

A

LA VERTU LA PLUS BELLE,

LA PLUS NÉCESSAIRE,

MAIS LA PLUS RARE.

Les Rousseau, les Voltaire ! Abimes de génie !
Soit, mais plus d'un esprit, tout haut le leur dénie.
Quel prodige ont produit ces immenses géants ?
Ils se sont épuisés sur des jouets d'enfans.
   Critique, volupté, le funeste sophisme,
Objets de leurs transports, ont blasé leur cinisme.
Généreux moissonneurs, ils n'ont fait que glaner ;
A nous pauvres glaneurs, tout reste à moisssonner.
Ils ont d'objets chétifs, embelli les surfaces,
Éperdus à broder des riens, dans les espaces.
   Que, fier sur les traiteaux un rusé bateleur
Charme la foule oisive, éprise du jongleur ;
Ils vivent dans leur sphère ; on passe à l'ignorance,
Un si malheureux choix en source d'opulence.
   Mais ces *diapasons* des siècles, du bon goût,
Ces esprits transcendans, embrassant, pouvant tout,

Se traînent sur le sable, y dorent des chimères,
Pour séduire la vierge et désoler les mères,
Louant ou baffouant le pouvoir, la grandeur,
Selon que l'intérêt dirige leur ardeur !

Leur dévorante soif d'une mesquine gloire,
Qu'a t-elle ménagé d'ivresse, à leur mémoire ?
Chacun dit : leurs cerveaux furent bouillants d'esprit;
Chez les muses, en or, leur nom demeure écrit.
Oui; pour leur vanité; flatteuse idolâtrie !
Mais ont ils fait bénir, chérir, à leur patrie,
Ces trésors à nos yeux, semés par leur auteur,
Pour former de nos choix, un culte au créateur ?

Sur leur parnasse, à qui donnaient-ils audience ?
Aux seules passions, à leur indépendance,
A l'écho le plus souple à remplir l'univers,
De leurs petits succès, non de leur grands travers.

Ils ont déifié nos vices, nos faiblesses,
De leurs illusions, ils ont fait nos richesses.

Passe au moins, en Boileau, son hommage au grand Roi.
Des Français, il suivit la filiale loi :
Honorer le grand peuple, élevant son monarque,
D'un excellent esprit, irrécusable marque.

Ce chef d'œuvre de l'art, pour l'auteur nous éprend,
Comme il a su toucher l'âme du conquérant.

Le chantre du lutrin et du beau poétique,
A trop bien critiqué, pour craindre la critique.

Mais sans avoir omis ces objets de ses chants,
Sa muse, de Sion, dut célébrer les champs.
Plus nous avons reçu des mains de la nature,
Plus de fruits nous devons lui rendre avec usure.

Hésiode, Molière, Homère le divin
Et Racine et son fils, chantres d'un Dieu moins vain,
Rousseau notre Pindare, ont exhalé leur âme
En des feux dont nul temps n'affaiblira la flâme.
    Le ciel, Dieu, la morale et toutes les vertus,
Sources du seul bonheur, qu'ils ont chanté le plus,
Font comparer leur muse à celle de prophète
Et des grands écrivains les placent à la tête.
    Après ces inspirés et nos inspirateurs,
De leur noble carrière abordons les hauteurs :
    Céleste pureté, c'est toi qui les préside ;
Plus tu me charmes, plus vers toi, ma voix timide
Brûlant de te graver dans nos seins, dans nos cœurs,
Tremble de bégayer tes dons supérieurs.
A qui vais-je les peindre ? à d'aveugles lumières,
Parant de tes débris, leurs idoles grossières.
Dieu ! l'Océan du jour, sphère de ton flambeau,
Pour elles, est la nuit, le néant, le tombeau !
Ferme les yeux, mortel !... puis rouvre la paupière !...
Enfin sens-tu le prix du soleil qui t'éclaire ?
    Non, lumière éclatante, abîmes ténébreux,
Vous n'êtes qu'un prestige, un néant à ses yeux !
    Le hazard seul a fait cet immense prodige
Qu'en son maintien constant, le hasard seul dirige..!
    Es-tu grammairien, ô sceptique insensé ?
Pour toi, de chaque mot, le sens est donc tracé.
    Etre dont la grandeur plaint encore son audace,
Etre qui, dans la foi, me pénétre de grâce,
Pour élever si haut mes indignes accens,
Dans ton divin esprit, annéantis mes sens !

Avec Paul, admets moi jusques à l'empirée;
Que j'aspire des cieux la lumière épurée,
Pour monter mon sujet à la juste hauteur
Qui porte l'évidence, en l'âme du lecteur !

D'accord, c'est convenu, sur la valeur des termes.
Dans la logique, as-tu des armes assez fermes
Pour nier la valeur diverse des objets ?
Les justes, dans l'état valent-ils ses budjets ?

Quel prince, de César, jetterait la puissance,
Pour avoir de Numa, les vertus, l'innocence?
Quel amant, entre une âme, un corps pleins de beauté,
Et leur double laideur, voit l'uniformité ?

Au soleil des beaux jours, du siècle dix-huitième,
Des nôtres, comparons le froid, le teint si blême.

Les êtres, en valeur, ont différens dégrés,
Qui les classent entr'eux plus ou moins à leurs grés :
La plus douce des fleurs, ainsi s'appelle rose.
Beau lys, ton noble éclat vaut une apothéose !
L'être qui peut, qui plaît et qui nous sert le plus,
Doit avoir le phénix des plus beaux noms élus.
Chercher noise à ce choix, en désaprouver l'ordre,
C'est être un bon esprit qui ne se plaît qu'à mordre,
Qui se range à l'avis de ceux qui n'en ont pas
Et partage vos pleurs, en riant aux éclats.

Vous exaltez le bien ! il l'appelle infortune.
Vous préférez la blonde ! il adore la brune.
Chez lui, ce pampre est rouge, et vous le voyez verd;
Pour se passer du Ciel, il ne croit point l'enfer
Et pour ne rien garder de l'humble créature,
Le monstre foule aux pieds le Dieu de la nature !

Quel est donc son appui, son pivot, son destin ?
Atôme, le néant est son frugal festin !
   Jouet des tourbillons, dans leur immense vide,
Le néant est la fin de son goût homicide !
—Insensé qui s'abuse ! est-celui qui s'est fait ?
Eh, l'auteur de ses jours, lui seul le méconnaît !
Pour lui combien de fois il réclama justice !
Il ferait fléchir l'être au gré de son caprice !
Vois dans quel cercle affreux ton orgueil t'a placé !
Soumis au créateur, non, rebelle insensé,
Fléchis aux pieds de l'être et quelque nom qu'il porte,
Conviens que de ton sein, lui seul s'ouvre la porte.
C'est donc lui qui l'anime, ainsi que l'univers ;
Est-il plus grands bienfaits et pouvoirs plus divers ?
   Le voilà ce principe et l'être magnanime
Qui, le plus grand, seul grand, mérite un nom sublime.
Du char de l'univers et l'orbite et l'essieu,
Les peuples, les enfers, le ciel l'ont nommé Dieu.
Eh notre siècle entend, sans se réduire en poudre,
Un ver de terre, un sot, de Dieu nier la foudre,
Vomir contre le ciel, l'atroce impiété
Et blasphêmer son Dieu, sans être inquiété !
   Le voilà donc ce nom, ce nom du bien suprême,
La consolation, le ciel du cœur qui l'aime !
Le voilà ce phénix, cet adorable nom,
N'eut-il aucun objet, riche être de raison,
Des hommes assez grands pour ennoblir leur être,
Par la seule vertu, de leurs cœurs guide et maître !
Ce qu'on imagina de plus fort, de plus beau,
Fut justement nommé le seul Dieu, le Très-Haut ;

L'usage le plus saint de notre intelligence,
Fut d'un être parfait, d'inventer l'excellence,
Qui dirigeât nos goûts, nos vœux, nos actions,
Le plus près de ce Dieu, de ses perfections.

Non, pauvre intelligence, avec tant de richesse,
Tu succombes bientôt dupe de ta sagesse !
Ce que tu peux créer est au-dessous de toi;
De ta bassesse, hélas, la source fait la loi !
Un pouvoir aussi grand que ta force est bornée,
Démontre à ton orgueil, qu'elle est subordonnée.

En vain ta voix rebelle en recuse le joug;
Bien plus haut, nos besoins lui subordonnent tout.
Qui méconnaît les droits de la toute-puissance,
Dit au jour, qu'il est nuit, ment à sa conscience.

La toute-puissance est ce Dieu si bien nommé,
Sans lequel tout périt, s'il n'en est embaumé.

Nous nous sentons mouvoir dans cette âme du monde,
Comme le sentiment qui de la nôtre abonde.

La lumière est son verbe et si nous le nions,
C'est en parlant, nier que nous existions.

Sortons donc de ce cercle; à l'œuf, perçons la coque;
Au mensonge, lumière, enlève l'équivoque !
Que l'évidence cesse, objet de nos débats,
D'armer contre son jour nos imbéciles bras !
Enfin nous accordons à Dieu, son existence,
Sans craindre les présents dus à notre insolence !

Il n'est pas grand mérite à ce juste retour;
Quels Dieux ne s'est pas fait le plus profane amour?
C'est ma divinité, la beauté qui m'honore
Et moi je suis le dieu de son cœur que j'adore.

Les chef-d'œuvres des arts ont les honneurs divins ;
Plumes des Dieux, dit-on, des premiers écrivains.
C'est moins un roi qu'un Dieu se dit du grand monarque
Père de ses sujets, que l'amour seul remarque.
Les princes de sa cour, vers qui l'adversité
Obtient en se montrant, tout de leur charité ;
Ces princesses, tout âme, en qui la bienfaisance,
Plus que l'éclat du trône, ennoblit l'existence,
Et ces oints du Seigneur, du pauvre trésoriers,
Pour en grossir la dot, généreux usuriers ;
Des bureaux bienfaisants, chaque dépositaire,
Ne sont-ils pas les Dieux du pauvre, sur la terre ?
Les organes du trône, astres compatissants,
Jaloux de s'attacher nos cœurs reconnaissants ;
Ce docte magistrat, inamovible, libre,
Fidèle chez Thémis, à tenir l'équilibre ;
Ces patrons généreux, entourés de clients
Qu'après un beau triomphe, ils comblent de présents ;
Quelles divinités, propices, tutélaires
Qui font par leurs vertus, bénir leurs ministères !
Cette liste de Dieux, admis au figuré,
Prouve qu'il en est un, à la lettre, honoré,
A la lettre, en esprit où les figures puisent
La valeur, tout le beau que les cerveaux y prisent.
Oui, des êtres, cet être, *Alpha*, puis *l'Omega*,
Qui dans la nuit des temps seul existait déjà ;
Cet être, la raison qui, seule, en tout, décide
De l'esprit et des sens et du plein et du vide,
L'être qui tout créa, vers qui tout doit finir,
Le bonheur du présent, l'espoir de l'avenir,

Tout le bien , sans nul mal , enfin le bien suprême,
Porte de notre *Dieu*, le nom, le diadême.
Premier, sublime anneau des causes, des effets,
En qui seul, par qui seul, leurs chaînons sont parfaits;
Qu'il faut être insensé pour hésiter d'y croire !
    L'âme, dans la grandeur, voit l'invisible gloire.
    Ainsi dans les beautés qu'exhale aux yeux, le jour,
Qui ne voit cet abîme et de gloire et d'amour?
    Le nom qu'on lui consacre, avec tous nos hommages,
D'un mot vide de sens, ornera-t-il nos pages?
Lui dont l'objet seul donne à tous objets un sens;
Lui, sans lequel n'existe, âme, animaux, ni gens !
Il faut être en démence et dépourvu d'organes
Pour qu'à nos yeux ses traits ne soient pas diaphanes.
    Dieu, sans disputer plus, est la perfection
Des sources, des effets de la création.
    Mais fixons un seul point de sa prééminence :
La pureté du cœur et de l'intelligence.
L'être le plus parfait veut le bonheur de tous.
Voilà la pureté, dans l'ame, dans les goûts.
S'il est la pureté, lorsqu'il revêt notre être,
De la pureté seule, il aura voulu naître;
D'une vierge, enfantant, mystère résolu.
A Dieu seul, pureté, ton sein est dévolu.
    La pureté, l'amour qui décident notre âme,
Vers les sacrés objets pour lesquels Dieu l'emflâme,
Ce ne sont que feux purs, sans autre ardeur pour nous,
Que celle qui dévore au seul profit de tous.
Ardeur des plus grands rois, de l'âme citoyenne
Que le bien public seul couronne dans l'arène,

Dieu, l'œil pur, au parfait, rien ne le peut souiller;
Au sein qu'il s'est choisi, quel sens a pu fouiller?
Volupté, près du Dieu dont l'ordre te tolère,
Pour vaincre la froideur à repeupler la terre,
Pouvais tu près du Dieu, conçu, mourant pour nous,
A sa mère, inspirer d'autres feux, d'autres gouts?
Pour revêtir un Dieu, de l'humaine nature,
La vierge toute à lui, resta céleste et pure.

    Ainsi lorsque j'agis, mu par l'amour divin,
mon bonheur, mes désirs sont d'atteindre sa fin
Ayant un seul objet: l'intérêt de sa gloire
Qui veut du genre humain, sanctifier l'histoire.

    Dieu, la pureté même, en essence, au moral,
Doit créer, doit créant, être pur sans égal.

    Il est la pureté, comme il est la puissance;
Qu'il soit né d'une Vierge; où git l'invraisemblance?
Son verbe s'est montré dans le premier humain,
Très virginal produit d'un très virginal sein.
Insensé, mets un terme, à son pouvoir immense!
Il le put une fois, défends qu'il recommence!

    Celui qui féconda le Limon, chez Adam,
N'a pu laisser un sein, vierge, en le fécondant!

    Toi qui ne connais pas un clin-d'œil, tes artères,
Du ciel, loin de tes sens, tu nieras les mystères!
Tous les mystères sont infinis comme Dieu;
Le fini, cercle au vase, en voit-il le milieu?
Le verbe qui lui parle, en ses magnificences,
Les atteste au fini. Faut-il d'autres sciences?

    Sceptiques, taisez vous, à Dieu rendez hommage,
A Dieu, de pureté, certaine, vive image!

Lui seul en est l'auteur, seule elle l'a produit;
Il en est l'existence; elle est d'un Dieu le fruit.
Son esprit créateur le rend fils de Marie
Dont la virginité pour nous seuls, les marie
Au Ciel, au bien suprême, à la félicité
Qui n'existe chez nous, qu'en l'angélicité.
Je les vois, je les crois comme l'éclat céleste,
Dans tous ce qu'à nos yeux, leur auteur nous atteste !
ainsi la pureté naît de Dieu, pur, parfait:
Pour se faire homme, Dieu, de la pureté, naît.
Merveille, n'ayant rien à mes yeux, qui m'étonne,
Plus que le jour qui luit et la foudre qui tonne.
J'ouvre mes yeux fermés, je vois l'éclat des cieux;
De la mort, du néant, je renais glorieux;
J'ai besoin de chercher de plus grandes merveilles,
Que la lumière, aux yeux, les sons, à mes oreilles?
Quoi, ce n'est pas mon Dieu qui m'ouvre ces trésors?...
Mes pleurs, de ma foi vive, expriment les transports.
En Dieu, la pureté, c'est la bonté divine.
Chez l'homme, elle est la fin que son cœur détermine.
Où le bien général, est son but, son objet,
Elle a la pureté du divin paraclet.
Est-elle cet amour dont la chair s'extasie?
Dieu permet qu'à nos sens, la pureté s'allie.
Dans vos seins énivrés, tendres, chastes époux,
D'offrir à Dieu, des saints, goutez l'espoir si doux!
Donnez au genre humain, des fils nés pour sa gloire,
De vertus, de bienfaits qui parent sa mémoire;
Bonheur inexprimable et né d'un plaisir pur;
Par la grâce d'un Dieu, de vos ardeurs, fruits mur!

Amans soumis aux vœux de parens, parfaits guides,
Qui séchèrent vos yeux, pour un trompeur, humides,
Le ciel bénit leur choix, votre félicité,
Dans l'amour, dans l'hymen, gros de prospérité.
La génération se forme de la suite
Des sujets que lui donne une union bénite.
Vous avez, météore, orné le genre humain,
Du ciel, sainte famille, essayant le chemin;
Des lois de pureté, dociles aux maximes,
Dans son sein, jouissez de ses faveurs intimes!

Aveugles, au contraire, idoles de vos sens,
Du monde, de la chair, qui n'aimez que l'encens,
Fléau de vos parens et de votre contrée,
L'arbitre de vos cœurs, la passion outrée
Vous a mis dans les bras du vice et du malheur;
Vos trésors sont la faim; vos gloires, la douleur.
Vos fruits, maudits de vous, maudissent la lumière
Qu'ils doivent aux écarts de qui fit leur misère;
Ils imitent vos torts et plus impurs que vous,
Jusqu'à l'enfer; du monde, ils sont d'odieux jougs.
Des générations que vos fils font maudire;
Dans quelle éternité, finira le martyre?

Entre les feux impurs et votre pureté,
Quel choix à vos destins, promet sécurité?

La pureté des sens, est proprement leur règle;
De l'homme, sur sa chair, c'est l'empire de l'aigle.

Embrasé par un feu qui, des astres du ciel,
Prête l'éclat, le charme, à la terre, à son fiel;
A la terre qui doit ses esclaves, ses maîtres,
Aux masques empruntés par ce tyran des êtres;

A son fiel répandu sur les jours, sur la fin
De tant d'infortunés dont-il est le destin,
  L'homme, à séduire, aisé, trop séducteur lui-même,
Tombe, entraîne à son tour, dans ce piège qu'il aime.
  La force, la santé, ses dangereux flatteurs,
Promettent à ses feux, d'immortelles ardeurs.
  Adam, l'illusion, auteur de ta faiblesse,
Voulut déifier l'orgueil et la bassesse !
  Miroir infortuné de nos romans d'amour,
Tu m'égares la nuit, tu m'aveugles le jour;
Au lieu de nous montrer la réalité nue,
Des vices, tu fais voir le règne dans la nue !
  De l'ordre, si le prix, dans nos plus doux liens,
Intéresse le ciel, avide de chrétiens,
Des sensualités, oublions la misère,
Dans l'entretien des cœurs, si tendre, et sans mystère,
Plus dignes de la fin que nous prescrivit Dieu :
Entre extrêmes, fin noble et leur juste milieu.
  De ses vœux, d'autre part, plus les mortels s'écartent,
Plus leur bonheur s'enfuit, plus leurs malheurs éclatent.
La pureté conserve à l'amour, ses produits ;
Sans pureté, l'amour voit dessécher ses fruits.
  La liberté que Dieu donne à la race humaine,
D'élever, d'abaisser son amoureuse chaîne,
Cause plus de revers à son malheureux choix,
Qu'au sage choix son cœur n'a consacré de voix.
  Gardons-nous d'accuser Dieu ni sa prescience;
De sa grâce sur nous, implorons la clémence;
Il est juste, il est Dieu, c'est le souverain bien;
De ses loix c'est nous seuls qui brisons le lien.

Envers l'impur, suffit de connaître la haine
Que Dieu respire, impose à la faiblesse humaine;
Et d'éprouver l'horreur des terribles fléaux
Qu'attirent sur nous tous, de sensuels flambeaux.
à leur éclat, le vice assaillit la pensée,
En ruine le temple et la lueur glacée.

   Frêles, chétifs produits, de ces restes mourants,
Pour des siècles trop longs, spectacles déchirants,
Où, vrais spectres humains, créatures vivantes
Sous le luxe et l'azur, quelques veines mouvantes,
Exalent plus la mort, que le souffle vital!
Quel spécifique obvie à l'excès de leur mal,
Si fatal qu'il corrompt les sources de la vie;
Sans que de guérison, le malade ait envie;
Bienfaits dont chaque humain et la société,
doivent bénir des mœurs, la docte impiété.

   Osons nous plaindre encore, des vents épidémiques,
Du rapide retour des ans climactériques!
Sur des sables, fondez vos châteaux, leurs remparts;
Des trombes, des volcans, accusez les écarts!

   L'antique pureté prolongeait l'existence
Des fragiles humains, jouets de l'indigence;
Philosophiquement, la licence aujourd'hui,
Du corps, fait que notre âme, à six lustres, a fui!
Six lustres!.... ô faveur pour les seuls coriphées!
Au troisième, combien d'haleines étouffées!
Eh leur vie! en est-ce une? allarmes de saisons,
Cathares au grand air, goutes dans les maisons;
Ah qu'il vaudrait bien mieux n'avoir pas vu l'aurore,
Que d'avoir à trembler de l'admirer encore!

Sort brillant, délectable où nous réduit le cœur,
Lorsque sur la raison il règne impur vainqueur !
Empire si fatal que partout il domine,
Sur les temples, les arts, le goût, la discipline ;
Comme un vent mugissant, dans son début, zéphir,
Il ébranle, renverse, oppresse et fait mourir.

Libres, reprenez donc de Dieu la vive image,
Pour sa gloire, pour vous, brûlez d'un amour sage !
Eh ! que, la pureté trône de sa grandeur,
Nous couronne à ses pieds, pour elle tout ardeur.
Pureté dans nos sens, pureté dans nos vues,
A nos actes, nos droits, à tous leurs objets dues.

Car rien d'impur en soi ; tout mal est relatif.
L'intérêt général est le régulatif.
Ne nuisez point à vous, ne nuisez à personne ;
Vos actes, vos désirs sont sûrs de la couronne.
Où vous nous servez tous et ne nous nuisez point,
Du plus pur en principe, existe le vrai point.

Dans l'œil la pureté semble poser son siège ;
Cupidité c'est là que tu lui tends le piège !
Le sage dit : le corps est pur où son œil l'est,
Jamais où l'égoisme est seul son intérêt.
Que mon œil soit ouvert sur la perfide ruse,
Plus de crainte dès−lors qu'un faux espoir m'abuse,
Heureux de ne jouir que de la vérité,
Du bien inséparable et de leur pureté ;
Mon cœur rejettera tout ce qu'elle rejette :
Je fixerai mon choix, sur les choix qu'elle accepte.
Jugez combien un maître importe à l'univers !
Rien ne m'enlève à Dieu, crainte, espoir, ni revers !

Pour moi, plus de prestiges; haut sur cette colonne,
Je ne crains plus que rien m'égare ni m'étonne.
De loin, de près, ce phare, éclatant sous mes yeux,
Me signale à ses pieds, le plus pur et le mieux.

Mon asile est le centre où le hameau, la ville,
Puisent pour leurs besoins, ce qui leur est utile;
Ma balance parfaite entre le prix, le gain,
M'atache mon client, béni bientôt du sien.

Fière de ta beauté, pureté du commerce,
Force, encouragement des arts et de la herse,
Honore toi du joug de l'intérêt commun
Qui nous enrichit tous, sans nous lézer aucun!

Mais le cupide croît, pour lui seul, qu'il amasse;
Sur sa tête, ce sont des dangers qu'il entasse.
Une autre *Dalila*, va du faible *Samson*,
Dans les cheveux rasés, tresser un hameçon.
Une foule avec lui, tombe sous les colonnnes;
A sa suite malheur aux fortunes trop bonnes!

Yeux de lynx vous fixez les richesses d'autrui;
Épouse, honneur, trésors, tout vous tente chez lui!
La pureté vous lance un seul trait de ses charmes;
La peur de la blesser, change vos feux, en larmes.

Atroce impureté! dépouiller le prochain,
Pour devenir la proie, à plus adroites mains!
Puis ainsi cumuler désordre sur désordre,
Poussière jusqu'au jour où morts nous l'allons mordre!
Quel jugement! quels goûts! êtres intelligens!
A ce dégré confondre et les droits et les gens!
Impureté voilà ton service ineffable!
Prodiguez lui mortels, un culte insatiable!

De ce vrai Basilic, frémissons d'approcher ;
Pour me perdre il m'aspire, et j'irais y toucher !
Non je veux à chacun, laisser en paix sa chose,
A l'œuiller, son œuillet, comme au rosier, sa rose.
L'ordre qui garantit le bien au possesseur,
En centuple le prix, aux yeux du successeur.
Au doux jardin d'Éden, voilà dans quelle extase,
De nos beaux jours Adam devait poser la base.

Mais pour prendre la bêche il quitta le repos ;
La Crêche, Béthléem, d'heureux, le font héros,
Le bonheur reviendra si, soumise au modèle,
Aux lois du tien, du mien, sa race est plus fidèle.

Tout sentiment respire ou non, sa pureté ;
Témoin les sots débats nés pour la parité :
Le cailloux, à tout prix est pierre précieuse.
Plus que le grain, la paille, aux champs est glorieuse.

Vous, que prétendez-vous, êtres intelligens ;
Mieux que le créateur régler les élémens,
Mais, au moins en beauté, dans l'esprit, la richesse,
Valoir l'académie et surtout une altesse ?
Subalternes degrès sont-ils dignes de vous,
Le plus beau des amans, le prince des époux ?

Le choc d'un mouvement, de vos trônes, renverse
La folle ambition qui quelques jours vous berce ;
Le désespoir le suit, le suicide accourt ;
Homme à la vanité que ne restiez vous sourds ?
Dites, pouvez-vous être auteur et créature,
Ordre, régulateur, fléau de la nature ?
Vous ignorez que tous, dans l'ordre désigné,
Pour servir l'univers, ont leur rang assigné ?

Quelque sons que je rende en si haute harmonie,
Avec les cieux j'ai part, à sa gloire infinie.
Tous points sont *apogée*, ou *Nadir*, ou *Zénith*;
Sous le sceptre, David, y brille avec Judith;
Et tous essentiels, en nos cases diverses,
Éclairés sur nos rangs, plus d'arme aux controverses.
    Qui d'un trouble si grand, bravera les remords ?
Uu seul luth disparat dissoudrait les accords.
Ivresse inexprimable : exact à sa partie,
De jouir de la scêne, à chacun répartie;
Tous auditeurs, acteurs, au concours des concerts
Pour lesquels Dieu si grand a créé l'univers !
    Cessez donc de briguer une place étrangère
Au lieu modeste où l'ordre a rangé votre sphère !
Louez le, quelque point que vous fasse habiter
Notre Dieu, qui chez nous, n'eut pas où s'aliter !
Eussiez vous tous les biens, Dieu les a davantage;
En eussiez vous le moins, Dieu vous en dédommage.
    Il m'offre en ses trésors, la compensation
Des sacrifices pris sur mon ambition.
Bien fous de soupirer ici pour l'opulence,
Réduits à regretter, un jour notre indigence.
    La pureté t'anime, esprit judicieux
Dont le vouloir divin peut seul combler les vœux !
    S'il faut être si pur pour se juger soi-même,
Sans avoir vers autrui, l'œil jaloux, le front blême,
Quelle angélicité dans le cœur, dans l'esprit,
Faut-il pour rétablir chez nous, l'accord prescrit;
Pour fixer l'équilibre entre chaque balance,
Où sont de deux plaideurs, l'honneur et l'éxistence?

Impassibilité, grandeur du magistrat,
Infaillible garant de la loi du contrat,
De la propriété, de l'honneur, de la vie,
Dans l'état, de respect, de paix, d'ordre suivi,
Quelle sécurité te devra la vertu !
Il a parlé ! le crime, au même instant, s'est tu.
Parenté, liaison, intrigue, commérages,
Ne vous présentez pas, à ses yeux, vils outrages !
Sa boussole est Dieu seul, dans tous ses jugémens ;
Juste, il foule à ses pieds, tous lâches sentimens ;
Son nom, signal de paix, réjouit la contrée !
Il lui rappelle encor quelques beaux jours d'Astrée.
Bien si facile à faire ! il faut se figurer
Que seul on est l'objet que l'on va mesurer,
Et pour chacun, n'avoir qu'une toise uniforme
Non régulière à l'un et pour l'autre, difforme ;
Ainsi ramenant tout à la même unité,
Faire, dans tous les cas, triompher l'équité.
Ame, cœur, esprit pur, juge digne de l'être
Heureux par le droit sens, dut-on le méconnaître ;
Il a rendu justice, on lui rend à son son tour,
Plus que le réciproque ; on le comble d'amour.
Pureté délicate, à garder difficile
Et qui n'appartient bien qu'aux cœurs de l'évangile.
C'est le Dieu des chrétiens, qui seul peut la donner.
Lui seul, hommes ingrats, saura la couronner.
    Détournons nos regards, du monstre qu'il réprouve,
Qui de force, d'abus, de victimes se couvre !
Ignorance, faiblesse ou viles passions,
Forfaiture, frémis à leurs successions !

Qui gémit sous ce chaume? une riche famille
Victime des arrêts dont ton greffe fourmille!
Quels fronts, dans ces cachots, mouillent de pleurs leurs fers
D'innocens condamnés, de tes crimes, couverts!
Fuis peuple sanglotant de chagrins, de misères,
Que répand sur tes pas, ce gouffre d'arbitraires!
Tu prévois ses forfaits, ils rayonnent son front,
Même avant de frapper, s'il n'est pas assez prompt.
Par tes injustes fers, serait elle assouvie
Cette rage acharnée aux tourmens de ta vie?
Non, pour lui vainement, au ciel ton abandon
Rend grâces et demande un généreux pardon;
Il te voit sillonné par les pleurs sur tes joues;
Il nargue, il rit, ses vœux te couvrent de leurs boues!
O justice, en ton nom, quels échos infernaux
Profèrent ces arrêts honte des tribunaux!
L'impur est donc partout un tare nécessaire
Dont le ciel, pour raison, rend l'homme tributaire!
Soit: mais son zélateur est-il digne d'amour?
Le signe est-il la nuit et le hibou le jour?
Lequel est pur, du juge honni pour forfaiture
Ou du juge soumis aux lois, à la nature?
L'oracle de l'impur, dis-je, est sa passion;
Le ciel du pur, du juste, est la loi de Sion.
A genoux, magistrats, nos pleurs vous en supplient:
Qu'à la loi, vos arrêts, pour nous, pour vous, se plient!
Purs, soumettez aux lois, vos pouvoirs et vos goûts
Et jugez nous chacun, comme il convient à tous!
Je vois la pureté, chez sa fière antipode:
La guerre, de nos seins, des cœurs le léger code!

Pureté quel relief tu vaux à nos lauriers!
De Turenne, fixez les pudiques sentiers:
Sur lui-même, héros, vainqueur à juste titre,
d'agresseurs de l'état; plus souvent leur arbître;
Des hommes éconôme, au plus fort du combat;
Vaillant pour le devoir et jamais pour l'éclat,
A la gloire de Dieu, du Roi, de la Patrie,
Du héros, ô grandeur, de pureté, pètrie!
  Le parfum le plus pur s'exale des autels
Où la pureté veut le cœur seul des mortels.
De nos cris vers le ciel, généreux interprêtes;
Leurs biens sont nos vertus, nos couronnes leurs fêtes.
Les moins hommes de tons, à l'égards des défauts,
Pour servir leur semblable, ils n'ont point de rivaux:
Nous servir par leurs vœux, leur science et d'exemple,
Dans toutes leurs vertus que le chrétien contemple.
Leurs faiblesses en ligne, avec leurs vrais bienfaits,
Ils sont les moins impurs et les moins imparfaits.
Calmes, roulons nos eaux, comme eux, ruisseaux paisibles;
Quel horison promet des charmes plus sensibles?
  Échos, à tant la feuille, et le mieux écouté,
Qui t'amène la foule? un air de pureté.
Moins tu parais jouet de ce métal ductile,
Du vrai, vil éteignoir, à la cour, à la ville,
Plus l'intérêt public est ton autorité,
Plus ton langage pur, de tous, a mérité.
Des citoyens, du Roi, la digne idolâtrie,
Persiste à m'éclairer pour Dieu, pour la patrie!
  Colonnes de l'état, phares du gouvernail,
Soyez l'or de sa mine et de son front, l'émail!

Sans pitié pour vous seuls, pour les peuples, entrailles,
Suez pour eux; en cour, décidez les batailles !
Pleins d'inspirations, grossissez les budjets,
De grands dégrevemens, au profit des sujets!
Ordre, emploi paternel. Pour le contribuable,
Uu amour qui vous vaille un amour tout semblable!
Du nerf opérateur, élixir onctueux,
Pénètre, emplis les seins, D'un chile fructueux!
Nos Colberts, nos Sullys gloire du ministère,
Par Charles et sa France, épurent l'émisphère !

　　Au grand Roi, que faut-il sur de tels fondemens,
Pour gouverner l'état pur en ces élémens?
Un cœur, une âme, un Dieu....! lecteur tu les réveres
Chez le père des Rois et chez le Roi des pères.

ÉPITRE

A

MONSIEUR LE PASTEUR

DE SAINTE-GENEVIÈVE.

Apôtre, sur les pas de votre saint patron
Dont l'église, aujourd'hui solemnise le nom,
Vous le faites revivre et rappelez ses fastes,
Dans notre chaire heureux, aux voix des théophrastes,
D'exhaler dans nos seins, votre amour, vos vertus,
Triomphant si nos cœurs deviennent tous élus !

Deux brasiers sout offerts par votre double exemple,
Du patron, dans les cieux, de son émule, au temple,
Du grand saint qui jouit du prix qu'il a gagné,
Du pasteur qui l'acquiert, de sueurs, tout baigné ;
Deux brasiers sont offerts au zèle de nos âmes,
Où puiser, à vos vœux, de vos pieuses flammes !

Apprenons chez le saint, les vertus du pasteur
Que jusques au tombeau, ses feux vers le Seigneur,
Feront croître sans cesse, objet des vifs hommages
Des fidèles, des saints, des pécheurs rendus sages.

Puisons chez le pasteur, cet amour pour Jésus,
Qui fit de Saint-Bernard, un Siméon, de plus,

Brûlant de partager de la haute victime,
Calvaire passion, d'un Dieu puni du crime;
De les souffrir seul, tous, n'osant briguer l'honneur,
A vous seuls réservé, magnanime sauveur !

De l'amour maternel, inexprimable ivresse,
Toi seule, peut bien peindre, à l'âme, à sa tendresse,
L'ardeur de tous les deux pour ce foyer d'amour,
Que Jésus, à jamais, anime nuit et jour,
Cette ardeur qui les voue au culte de Marie,
Toujours aux pieds de Dieu, pour quiconque la prie.

Aimer Jésus, aimer la mère de son choix,
C'est se rendre agréable, en tout, au roi des rois;
C'est de tant de vertus fertiliser la source
Et lui faire abreuver nos âmes, dans sa course :
De l'angélicité, deux exemples vivants,
Patriarches, ils vouent au ciel leurs fils fervents.

Prophêtes, leur parole est celle de Dieu même;
Promesses aux chrétiens, aux payens, anathême.
Vous, payens baptisés, frémissez à leurs voix,
Indignes des anneaux, profanés à vos doigts!

L'un et l'autre docteurs des célestes doctrines,
Zélés à propager les vérités divines,
Ces braves confesseurs les diraient aux tyrans,
Même au philosophiste, aux athées délirans.

Vierges, rois de leurs sens, que craignent-ils sur terre?
A leur seul créateur ils aspirent à plaire.
Des glaives, des pervers, deviendraient-ils martyrs?
Leur maître aura comblé leurs généreux désirs:

Ce qu'ils auront souffert, est ce bouquet de myrrhe
Dont s'énivrait le saint, charmé jusqu'au délire.

Ils veulent Jésus seul, Jésus crucifié,
De glace pour leur chair, brûlant de piété,
Ils s'abreuvent du lait d'un sein de vierge mère
D'où tant d'amour divin découle sur la terre.

Chaque playe épanchant le pur sang de son fils,
D'ambroisie, à leur âme, est un breuvage exquis;
Il les comble d'amour et les nourrit de larmes,
Pour le pieux amant inexprimables charmes!

Esprit du saint, transmis à son ordre fameux,
Versé par le pasteur, à son troupeau nombreux,
Qui sait apprécier dans le sensible père,
Des serviteurs de Dieu, l'exemple et la lumière,
N'accuse que nous seuls si jusques au trépas,
Salutaire flambeau, nous ne te suivons pas!

Notre mobilité, de tiédeur, nous menace?
L'aspect seul du pasteur, ranime en nous, la grâce.
De la foi, disons nous, c'est là l'expression;
Nul autre sentiment n'y fait digression,
Si ce n'est le besoin d'en embraser nos âmes,
O tendre charité, d'y répandre tes flammes!

L'onction de sa voix, talisman des vertus,
Fait pâlir, à ses pieds, les vices abattus;
Sans geste exagéré, sans armes de terreur,
Sa raison trascendante, est la mort de l'erreur.
Sa sphère était l'autel, la chaire est son domaine;
Il convainc sans effort et triomphe sans peine.
C'est un père dont l'âme entraine ses enfans,
A devenir meilleurs, à n'être plus méchans.
La seule vérité dont sa parole brille,
Rend orateur parfait ce chef de la famille.

Cause de Jésus-Christ. tu gagnes chaque fois,
Que Dieu pour te défendre assigne un si beau choix!
Sans parler il pérore : à l'inçu de sa langue,
Sa démarche éloquente est seule une harangue.
Tu sais infortuné, s'il s'occupe de toi,
Si pour te soulager, il attend une loi.
Toi seul vois ses lingots, secret pour l'opulence;
Sa main qui te les offre, en la tienne s'élance!
Au code de son cœur, tes besoins sont prévus!
Il les voit menacer, ils ne sont déjà plus.
Sécher d'amers pleurs, faire pleurer de joie,
Sont les ravissemens où son cœur se déploye.
Mais pour ne pas livrer la colombe aux serpens,
Ses dons sont réfléchis, ses bienfaits sont prudens.
Riant s'il est dupé par de feintes allarmes,
Un vrai pauvre oublié le fera fondre en larmes.
Geneviève, Bernard, Étienne, cent mercis,
Nous devons à vos choix, un pasteur d'un tel prix !
Grâces à vous, à Dieu, de vivre à sa paroisse,
Sans que de cet hommage, aucun autre se froisse!
Heureux dans sa maison, qui s'y trouve à son gré;
C'est un bonheur, si rare, à regret honoré !
Et celle que j'admire, avec chaque fidèle,
M'offre au cielet sur terre, une paix éternelle.
    Il dépend du chrétien animé de mes vœux,
D'obtenir une part à ces présens des cieux :
Aux pieds de Saint-Bernard, à son pasteur docile,
Qu'il fasse son trésor, sa loi de l'évangile.
    Quels encouragemens! chaque administrateur,
Consacre à nos regards les vertus du pasteur!

Lévites dont le zèle étonne le jeûne âge,
Qui peut en vous suivant n'être chrétien, ni sage ?
De leur double couronne, ô savoureux fleuron,
Bouquet pur au pasteur, doux hommage au pâtron,
De ministres si saints, sois le prix légitime,
Seule offrande à leur gré, seule digne victime.
Qui consolent leurs cœurs, des soucis, des efforts,
Épuisés pour nous rendre épris de ces trésors.
Aux faibles, de tous rangs, rappelle vive enseigne,
Leur force vers Sion avant qu'elle s'éteigne.
Homme, l'erreur peut bien leur creuser un faux pas ;
Vérité redis leur : l'ordre a les vrais appas.
Le trouble, les remords, du monde, affreuses rides,
Pour en désabuser sont d'infaillibles guides.

   Foi, dont le soleil pur trace l'autorité,
Sur le front qui te nie, on lit la vérité !
Ta nuit est le néant, ton jour est la lumière,
C'est la vie et la mort disputant la carrière.
C'est la laideur qui veut détrôner la beauté.
A peine elle est assise, où fuit sa royauté ?
Dieu, dans l'âme chrétienne y signale son règne ;
Impossible, au démon, qu'en ses traits, il le peigne.
   Épurez l'horison, vains calomniateurs !
Le juste est-il moins juste au gré des imposteurs ?
A qui reste l'opprobre ? à votre calomnie
Sur les vertus en croix, pour vous donner la vie !
   Troupeau de Saint-Étienne, en la foi zélateur,
La consolation de ton digne pasteur,
A sa voix grossi-toi de héros d'athéisme,
Qui viennent à l'amour, soumettre l'égoïsme !

Que leur âme à ses pieds, recouvrant sa grandeur,
Y répande du lys, et l'éclat et l'odeur.
Et suppléez chacun, à mon insuffisance
Pour fêter la vertu si digne qu'on l'encense :
La vertu du pasteur qui ne vit que pour nous,
Pour lui plaire en retour, sanctifions nous tous !

———

STANCES

SUSCEPTIBLES D'UN CHANT.

Saint Bernard tient l'échelle de Jacob.
Notre pasteur, avec Jean, avec Job,
Gravit au faîte où sa voix nous appelle,
Jusqu'à Sion, vers la voûte éternelle.
L'y suivre est-il un désir superflu ?
Le succès s'offre à qui l'a bien voulu.
Tout vœu fervent est bientôt vœu prospère ;
Où l'homme aspire, il parvient sur la terre.
Même constance ouvre et livre les cieux,
Témoins les saints, témoins si précieux !
Sur les pas d'Augustin, de Paul, de Madeleine,
Qu'est-il d'inaccessible où l'amour nous entraîne ?

Flambeau des Cieux, divine charité
Qui fait de l'homme une divinité,
Embrase nous des feux de ta présence !
Où les Bernards ont-ils sçu les puiser ?
Dans les volcans qu'on ne peut appaiser :

L'un qui couvrit notre sauveur, de plaies,
Le couronna des lances de nos haies.
L'autre, des cœurs, qui brûla le plus doux,
Aux pieds du trône où son fils notre époux
Pour nous tous, consommant sa mortelle carrière,
Délivra, sur la croix, la race humaine entière.

Fidels chrétiens, célébrons le pasteur
Qui devant lui nous montre à la hauteur,
Où son ardeur veut que chacun précède
L'aîle d'amour à qui tout le ciel cède
Et qui l'élève à grand pas, devant nous,
Où son cœur veut nous voir devancer tous!
Animons nous à cette noble arène,
A Son exemple, à la vive fontaine,
Puisons la foi, méditons son auteur!
Souffrant comme il souffrit, l'aimant comme il nous aime,
Des Bernards, de Marie, ornons le diadême!

ÉPITRE.

L'AME DE MADAME DUFRESNOY

A M. TISSOT,

PANÉGIRISTE DE CETTE MODERNE DESHOULIÈRES.

Le jour qui luit sur moi,
Du jour qui vous éclaire,
Dissipe le mystère,
Mérite de la foi.
   A mes yeux, son objet,
Clair comme la lumière,
Aux votres, sur la terre,
De soupirs, quel sujet,
Devant l'âme endurcie
A n'ouïr que les sens
Qui veulent le seul temps,
Sans l'immortelle vie !
   De ce beau jour sans nuit,
Je n'aperçois encore
Qu'un rayon de l'aurore,
Qui sur le juste luit.
   Mon esprit, vain de plaire
Aux astres de la terre,

Vit d'un œil dédaigneux,
La promesse des cieux.

Votre élément, d'argile,
M'offrit tous ses plaisirs.
De mon âme, l'utile,
ennoblit les desirs.

Vos intérêts, ma loi,
Vos hommages, ma gloire,
Pour le mal, mon effroi,
Epuisent mon histoire.

Eclair et météore,
A vos indulgens yeux,
Je dus à leur phosphore,
L'étincelle des dieux.
Et déjà dès le temps
Je reçus la couronne
Et les plus doux présents
Que du beau, l'amour donne.

Là pouvaient se borner
Le prix, la récompense
Du goût qui sur orner
En tout, ma préférence.

Mais, tâche trop humaine,
Près d'éternels bienfaits!
N'a d'anneau, dans leur chaîne,
Nul, sans des feux parfaits:
Les feux d'un immorrtel,
D'où rejaillit la flamme,
Du cœur, pieux autel,
Vers la source de l'âme.

Dieu menaça mes jours,
Dont le prophane usage,
Au dieu de nos amours,
Affaiblissait l'hommage.
   J'observai d'un clein d'œil,
Mon inutile vie.
Mon cœnr en prit un deuil,
Dont mon âme ravie,
Pour la première fois,
Avoua, de son maître,
Fière de le connaître,
Les indnlgentes lois.
   Sans craindre de finir,
Je jurai, si sa gloire,
M'accordait la mémoire
D'un plus long avenir,
D'en consacrer les heures
A réparer mes torts,
A briguer les trésors
Des célestes demeures.
A toucher jusqu'aux larmes
Vous, amis de mon cœur,
Subjugués par ses armes.
   Dieu, sensible au retour
De mon âme infidèle,
Sourd à mes vœux, m'appelle,
Mais me rend son amour.
   J'expie au vestibule
Où soupire Tibule,
Mieux que je ne l'ai fait,

Mes torts qu'enfer calcule,
De mes pleurs satisfait.
      Ce vestibule d'or,
Est pour nous vile boue,
Près le palais que loue,
Des cieux, l'immense accord.
Leur trésor est la grâce,
Ivresse des grands cœurs,
Leur glorieux vainqueur ;
Loin d'elle tout est glace.
      Espoir, ô seul soutien !
Dans le vallon de larmes,
Où mille et mille charmes,
Sans Dieu, loin d'être un bien,
N'offre qu'un parallèle,
Cruel à contempler,
Près l'abîme immortelle
que l'amour veut peupler
De vierges, de martyrs,
De pieux cénobites,
Qu'aux célestes orbites,
Couronnent leurs desirs !
      Abrégez ce sejour
Pour nous épuratoire,
Dans votre âme oratoire,
Pour Dieu, brûlant d'amour !
      Double calme, à nos maux:
Délivrance prochaine ;
Moindre peur de la chaîne
Que forgent vos défauts ;

Qui de la terre, entraîne
Aux séjours infernaux.
Hâtez-vous de soustraire
A son funeste poids
Votre mortelle sphère,
Heureuse à votre choix !
Fervents pour la patrie,
Guidez-la vers les cieux ;
Loin de l'idolâtrie
De vos sens fallacieux.
Dieu le bien, bien suprême,
Dans leurs objets, leur cours,
Epure nos amours,
Qui, sans lui, sont blasphême.

   Vos vœux pour la justice,
Vous valent ses bontés ;
Vos traits contre le vice,
aux cieux vous sont comptés.
Contre tous les abus,
Freins puissants, salutaires,
Frappez de vos vertus
Pouvoir, acte arbitraires !
Des peuples, de leurs rois,
Les amis, les lumières,
Faites bénir leurs lois,
De la cour aux chaumières !
Que loin du privilége,
De tous les rangs, l'accord
Les lie et les allége,
Leur mutuel trésor.

Si l'aveugle conduit,
Usurpe la puissance,
Qu'au lieu du jour, la nuit,
S'étende sur la France,
    Le souverain arbitre
Veut encor la punir;
La raison, votre titre,
Vous dit de le bénir.
    Fulminaut télégraphe,
Ce châtiment cruel,
A gravé l'épitaphe,
Sur l'injuste mortel.
    Balthazar endurci
Méprise la menace?
Dès demain son oubli
Aura vengé l'espace,
Dans l'espace saus bords,
Qui réfléchit les crimes,
Aux tirans leurs victimes,
Déchirés de remords.
    Leurs jouets, dans la vie,
N'encourez pas leur sort!
A l'infernale mort,
Dont la leur est suivie,
Loin de livrer votre âme,
Qu'ils voudrieant voir punir,
Qu'un doux épithalame,
Avec Dieu l'aille unir :
    Ce qui vous en éloigne,
(Qu'enfin la vérité,

Par moi vous le témoigne);
C'est la sécurité
D'un grand aveuglement.
Vous voulez la patrie,
Mais Dieu trop faiblement.
L'amour? — Idolâtrie,
Sans Dieu, son vrai soutien.
N'est nullement chrétien,
Qui veut de la sagesse,
Imposer le lien;
Et contre sa faiblesse,
N'en veut faire le sien ;
Refusant cet hommage,
Au souverain seigneur,
De la cour, du bocage
Et de l'âme et du cœur.

Vos nobles adversaires
Disent servir leur Dieu,
Leurs princes tutélaires,
Par des lois arbitraires,
Subversives du lieu
Qui leur donna le jour
Et des objets d'amour,
Ame du cher ensemble
Que la patrie assemble,
Les armes, le faisceau,
Forces de son vaisseau!

Tous deux c'est méconnaître
Le vœu du commun maître,

Des âmes trop jaloux,
Pour être leur époux,
Sans pouvoir absolu.
À lui seul l'encensoir
Et l'amour et l'empire
Que sa justice aspire,
Fin, objet des vertus,
Ciment de la patrie.

L'âme des vrais élus,
Pour le ciel attendrie,
Veut sans exception,
La gloire de Sion,
Celle de tous les hommes,
Indignes que nous sommes;
Celle de son pays,
Celle de Charles dix
Et des champs et du trône,
De leurs droits qu'elle prône,
Dans leur égalité,
Sauf la priorité,
Aux célestes hommages,
Du bonheur, titres, gages,
Sur la foi du très-haut,
A son gré, pris d'assaut.
Méditez ces leçons;
Dans les éphémérides
Des doigts faibles, timides,
Pasigraphes des sons
De ma voix éthérée
Pour long-temps altérée

Des cantiques divins.
Les célestes lutrins
N'admettent que les âmes
Pures comme les flammes
Qu'exhalent tous les feux
Du sein des bienheureux.
Les lignes qu'il vous trace,
Jaillissent de la grace,
Doux prix de votre foi,
Des cieux l'auguste loi.

Humble est sa renommée
Qu'il venge : il fait le bien,
Où toute autre embaumée,
Brille et n'est bonne à rien.

Bravez, vous dont la vie
Ne respire qu'effort
Pour charmer notre sort ;
Bravez la calomnie !

Non, en but à ses coups,
Tel en est la victime,
Qui sur autrui s'abîme
A les asséner tous.

Signez donc sur Socrate,
Signez sur Jésus-Christ,
Par nos crimes proscrit,
Une sentence ingrate !

Ah ! jugez par leurs œuvres,
Nos innocens amis ;
Livrez à leurs couleuvres,
D'iniques ennemis !

J'attends la vérité
Pour juger mon semblable.
Notre orgueil seul l'accable,
Non la sévérité.

Prudens comme serpens,
Purs comme la colombe,
Sauvez sains jugemens
Le juste, de la tombe !

Ménagez cent pervers,
Mais sauvez l'âme pure;
Le Dieu de l'univers
Du pardon vous assure !

Relevez à ses pieds,
Charles, vous et la France,
Unis par sa puissance,
Toujours ceints d'oliviers !
Le mal et l'ignorance,
Cèdent à vos lauriers.
Le ciel et sa clémence,
Du juste, doux leviers,
Font entendre leur voix,
Qui ranime en votre âme,
La ravissante flamme,
Promise aux dignes rois
Et du vaste voyaume,
Et de ceux dont le chaume
Couvre et dore les toits,
Etats de la pensée,
Qui ravit à nos sens

Un adultère encens,
Chez toute âme sensée.

A ce prix, Dufresnoy,
Plus que jamais aimante,
Se console en l'attente
De vous voir à la loi
Du grand législateur,
Puiser la récompense
Que vous devra la France,
Pour prix de ce bonheur !

Nota. Ce coin du voile qui défigure mon âme fut levé immédiatement après l'inhumation si dignement et si justement fleurie par M. Tissot, au début des grandes thèses dont nous pleurons la solution. La presse me sert comme la fortune. De là mon cri imtempestif : Qu'importe s'il est encore temps que le bien général flatte et consolide le privilége?

IMPRIMERIE DE STAHL, QUAI DES AUGUSTINS, N° 9.

www.ingramcontent.com/pod-product-compliance
Lightning Source LLC
Chambersburg PA
CBHW051137050726
47594CB00003B/1132